Country

```
H  G  D  R  K  E  N  Y  A  H  J  J
H  O  N  G  K  O  N  G  H  N  A  C
Y  N  H  U  N  G  A  R  Y  A  P  M
C  J  O  R  D  A  N  Q  Z  X  A  S
W  K  A  Z  A  K  H  S  T  A  N  H
B  H  G  U  A  T  E  M  A  L  A  J
M  J  A  M  A  I  C  A  K  F  R  H
X  W  Y  L  O  B  O  V  C  E  N  P
```

Find the following words in the puzzle.
Words are hidden → and ↓ .

HONG KONG   JAMAICA   KAZAKHSTAN
GUATEMALA   JAPAN   KENYA
HUNGARY   JORDAN

Country

Word directions and start points are formatted: (Direction, X, Y)

HONG KONG (E,3,6) JAMAICA (E,2,7) KAZAKHSTAN (E,2,5)
GUATEMALA (E,1,2) JAPAN (S,11,1) KENYA (E,5,1)
HUNGARY (E,3,3) JORDAN (E,2,4)

Country

```
B  L  F  S  F  G  L  X  Q  K  R  L
J  Z  I  R  A  N  A  O  A  O  F  A
J  K  O  S  O  V  O  O  R  R  F  G
I  N  D  O  N  E  S  I  A  E  U  F
I  N  D  I  A  R  N  R  G  A  E  X
T  F  R  X  I  C  E  L  A  N  D  V
K  U  W  A  I  T  W  X  M  K  K  M
M  L  P  P  D  T  Z  M  K  I  T  N
```

Find the following words in the puzzle.
Words are hidden → and ↓ .

ICELAND   IRAN   KUWAIT
INDIA   KOREA   LAOS
INDONESIA   KOSOVO

Country

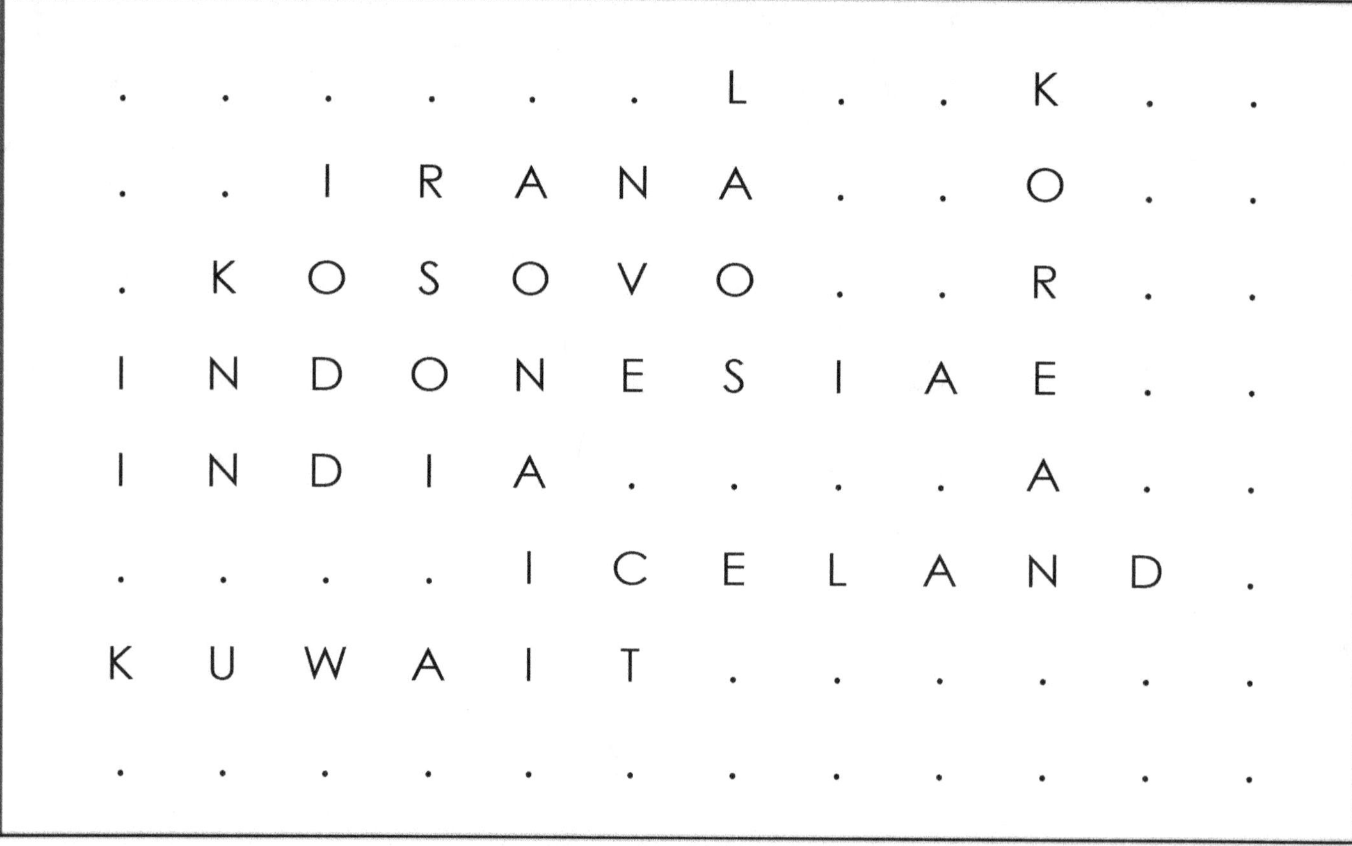

Word directions and start points are formatted: (Direction, X, Y)

ICELAND (E,5,6)	IRAN (E,3,2)	KUWAIT (E,1,7)
INDIA (E,1,5)	KOREA (S,10,1)	LAOS (S,7,1)
INDONESIA (E,1,4)	KOSOVO (E,2,3)	

Country

```
O  U  E  W  E  I  N  E  P  A  L  N
N  E  T  H  E  R  L  A  N  D  S  I
U  W  N  O  R  W  A  Y  W  E  H  G
B  N  E  W  Z  E  A  L  A  N  D  E
M  C  P  Z  Y  N  S  S  Y  I  R  R
W  P  W  N  A  M  I  B  I  A  J  I
J  A  M  O  N  G  O  L  I  A  X  A
Y  T  Y  I  M  O  R  O  C  C  O  X
```

Find the following words in the puzzle.
Words are hidden → and ↓ .

MONGOLIA   NEPAL   NIGERIA
MOROCCO   NEW ZEALAND   NORWAY
NAMIBIA   NETHERLANDS

Country

```
.  .   .    .    .    .    N  E  P  A  L  N

N  E  T  H  E  R  L  A  N  D  S  I

.  .  N  O  R  W  A  Y  .   .   .   G

.  N  E  W  Z  E  A  L  A  N  D  E

.  .  .  .  .  .  .  .  .  .  .  R

.  .  .  N  A  M  I  B  I  A  .  I

.  .  M  O  N  G  O  L  I  A  .  A

.  .  .  .  M  O  R  O  C  C  O  .
```

Word directions and start points are formatted: (Direction, X, Y)

MONGOLIA (E,3,7)   NEPAL (E,7,1)   NIGERIA (S,12,1)
MOROCCO (E,5,8)   NEW ZEALAND (E,1,2)   NORWAY (E,3,3)
NAMIBIA (E,4,6)   NETHERLANDS (E,2,4)

Country

H J P O L A N D V I W Q

P A K I S T A N J A L A

R S L M R G C H T U P T

U F R S R T N W P U B A

P A L A U G L K Y W A R

P A R A G U A Y P X L Q

P H I L I P P I N E S V

O M A N W A F P E R U N

Find the following words in the puzzle.
Words are hidden → and ↓ .

OMAN	PARAGUAY	POLAND
PAKISTAN	PERU	QATAR
PALAU	PHILIPPINES	

Country

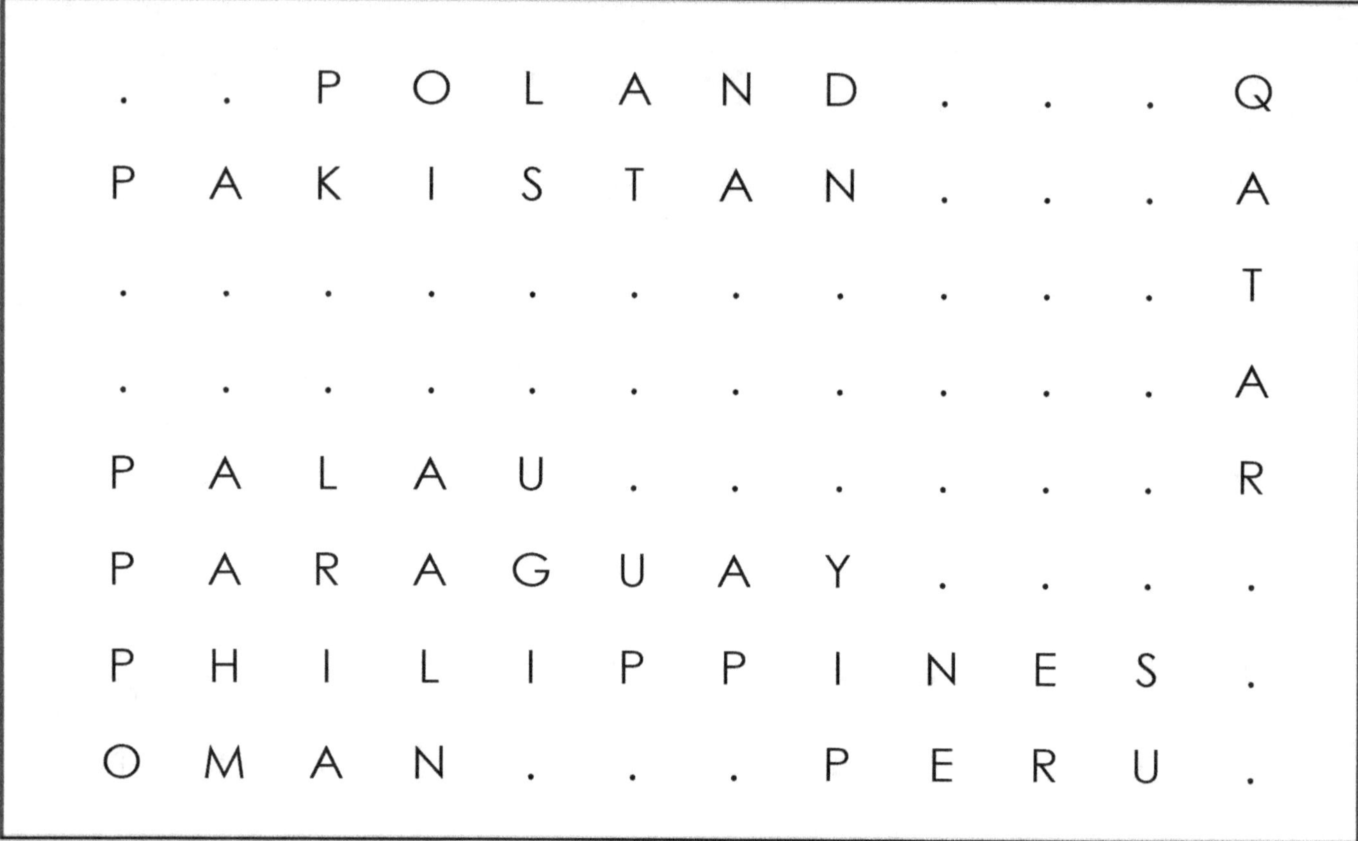

Word directions and start points are formatted: (Direction, X, Y)

OMAN (E,1,8)   PARAGUAY (E,1,6)   POLAND (E,3,1)
PAKISTAN (E,1,2)   PERU (E,8,8)   QATAR (S,12,1)
PALAU (E,1,5)   PHILIPPINES (E,1,7)

Country

E	R	O	M	A	N	I	A	Q	O	F	S
T	D	S	I	N	G	A	P	O	R	E	E
R	U	S	S	I	A	E	F	H	R	U	R
L	P	S	A	N	M	A	R	I	N	O	B
C	C	L	V	W	T	K	U	N	W	R	I
Y	S	L	O	V	A	K	I	A	B	I	A
S	A	U	D	I	A	R	A	B	I	A	A
N	V	V	S	O	M	A	L	I	A	N	U

Find the following words in the puzzle.
Words are hidden → and ↓ .

SOMALIA SAUDIARABIA SLOVAKIA
RUSSIA SERBIA ROMANIA
SINGAPORE SAN MARINO

Country

Word directions and start points are formatted: (Direction, X, Y)

SOMALIA (E,2,1)   SAUDIARABIA (E,1,7)   SLOVAKIA (E,2,6)
RUSSIA (E,1,3)   SERBIA (S,12,1)   ROMANIA (E,4,8)
SINGAPORE (E,3,4)   SAN MARINO (E,3,2)

Country

```
L  Q  S  S  Y  R  I  A  H  L  Y  Q
S  O  U  T  H  A  F  R  I  C  A  W
O  T  D  T  H  A  I  L  A  N  D  S
L  F  A  H  S  W  E  D  E  N  S  P
T  A  N  Z  A  N  I  A  S  G  W  A
U  A  Z  X  D  M  P  Z  Z  T  C  I
S  W  I  T  Z  E  R  L  A  N  D  N
M  V  T  A  I  W  A  N  Y  R  J  D
```

Find the following words in the puzzle.
Words are hidden → and ↓ .

SOUTH AFRICA   SWITZERLAND   THAILAND
SPAIN   SYRIA
SUDAN   TAIWAN
SWEDEN   TANZANIA

Country

Word directions and start points are formatted: (Direction, X, Y)

SOUTH AFRICA (E,1,5)   SWITZERLAND (E,1,7)   THAILAND (E,2,6)
SPAIN (S,12,3)   SYRIA (E,5,2)
SUDAN (E,5,1)   TAIWAN (E,3,8)
SWEDEN (E,1,3)   TANZANIA (E,3,4)

```
F  R  V  E  N  E  Z  U  E  L  A  W
U  R  U  G  U  A  Y  K  Y  A  O  K
T  U  R  K  E  Y  N  R  F  Y  L  P
G  Y  Q  H  O  K  Q  A  A  E  V  K
V  I  E  T  N  A  M  I  J  M  W  V
R  U  G  A  N  D  A  N  I  E  W  R
Y  P  B  N  P  J  P  E  X  N  H  B
D  G  I  N  T  U  N  I  S  I  A  Z
```

Find the following words in the puzzle.
Words are hidden ➔ and ↓ .

TUNISIA　　　　UKRAINE　　　　VIETNAM
TURKEY　　　　URUGUAY　　　　YEMEN
UGANDA　　　　VENEZUELA

```
.   .   V   E   N   E   Z   U   E   L   A   .
U   R   U   G   U   A   Y   K   .   .   .   .
T   U   R   K   E   Y   .   R   .   Y   .   .
.   .   .   .   .   .   .   A   .   E   .   .
V   I   E   T   N   A   M   I   .   M   .   .
.   U   G   A   N   D   A   N   .   E   .   .
.   .   .   .   .   .   .   E   .   N   .   .
.   .   .   .   T   U   N   I   S   I   A   .
```

Word directions and start points are formatted: (Direction, X, Y)

TUNISIA (E,5,8)   UKRAINE (S,8,1)   VIETNAM (E,1,5)
TURKEY (E,1,3)   URUGUAY (E,1,2)   YEMEN (S,10,3)
UGANDA (E,2,6)   VENEZUELA (E,3,1)

```
S  W  I  T  Z  E  R  L  A  N  D  X
W  Z  I  M  B  A  B  W  E  J  X  C
J  O  S  Y  R  I  A  V  O  V  M  N
Y  T  Q  L  V  T  A  I  W  A  N  R
B  H  O  Q  A  T  A  R  C  V  B  Z
F  I  H  L  U  Q  I  E  C  V  V  I
M  P  A  K  I  S  T  A  N  H  P  F
F  K  L  S  C  P  A  L  A  U  Q  W
```

Find the following words in the puzzle.
Words are hidden → and ↓ .

PAKISTAN　　　SWITZERLAND　　　ZIMBABWE
PALAU　　　SYRIA
QATAR　　　TAIWAN

Country

Word directions and start points are formatted: (Direction, X, Y)

PAKISTAN (E,2,7)   SWITZERLAND (E,1,1)   ZIMBABWE (E,2,2)
PALAU (E,6,8)   SYRIA (E,3,3)
QATAR (E,4,5)   TAIWAN (E,6,4)

Country

```
L  U  N  I  G  E  R  I  A  G  U  N
I  O  J  T  M  O  R  O  C  C  O  O
B  Q  M  E  X  I  C  O  K  H  V  R
E  Y  R  L  I  B  Y  A  H  O  D  W
R  K  O  S  O  V  O  Q  N  T  A  A
I  N  O  R  T  H  K  O  R  E  A  Y
A  K  K  R  N  R  R  M  Z  Y  Z  Y
P  K  S  E  T  L  A  O  S  Z  X  T
```

Find the following words in the puzzle.
Words are hidden → and ↓ .

KOSOVO	MEXICO	NORWAY
LAOS	MOROCCO	
LIBERIA	NIGERIA	
LIBYA	NORTH KOREA	

Country

```
L . N I G E R I A . . N
I . . . M O R O C C O O
B . M E X I C O . . . R
E . . L I B Y A . . . W
R K O S O V O . . . . A
I N O R T H K O R E A Y
A . . . . . . . . . . .
. . . . . L A O S . . .
```

Word directions and start points are formatted: (Direction, X, Y)

KOSOVO (E,2,5)   MEXICO (E,3,3)   NORWAY (S,12,1)
LAOS (E,6,8)   MOROCCO (E,5,2)
LIBERIA (S,1,1)   NIGERIA (E,3,1)
LIBYA (E,4,4)   NORTH KOREA (E,2,6)

```
I  G  R  S  J  J  Q  T  W  R  D  J
R  B  V  J  O  R  D  A  N  E  M  A
A  F  T  V  M  E  X  I  C  O  A  P
Q  S  H  W  G  E  Q  L  D  I  C  A
Y  A  J  A  M  A  I  C  A  R  A  N
E  M  O  R  O  C  C  O  T  A  U  D
C  T  X  C  Y  J  L  B  C  N  S  R
Z  K  I  N  D  O  N  E  S  I  A  P
```

Find the following words in the puzzle.
Words are hidden ➔ and ↓ .

INDONESIA   JAPAN   MOROCCO
IRAN   JORDAN
IRAQ   MACAU
JAMAICA   MEXICO

```
I  .  .  .  .  .  .  .  .  .  .  J
R  .  .  J  O  R  D  A  N  .  M  A
A  .  .  .  M  E  X  I  C  O  A  P
Q  .  .  .  .  .  .  .  .  I  C  A
.  .  J  A  M  A  I  C  A  R  A  N
.  M  O  R  O  C  C  O  .  A  U  .
.  .  .  .  .  .  .  .  .  N  .  .
.  .  I  N  D  O  N  E  S  I  A  .
```

Word directions and start points are formatted: (Direction, X, Y)

INDONESIA (E,3,8)   JAPAN (S,12,1)   MOROCCO (E,2,6)
IRAN (S,10,4)   JORDAN (E,4,2)
IRAQ (S,1,1)   MACAU (S,11,2)
JAMAICA (E,3,5)   MEXICO (E,5,3)

Country

```
X  L  E  B  A  N  O  N  J  B  R  O
M  O  Z  A  M  B  I  Q  U  E  V  J
M  L  M  Z  T  A  W  Z  F  M  R  Q
N  O  R  W  A  Y  O  M  A  N  O  U
G  L  U  X  E  M  B  O  U  R  G  J
T  R  Z  F  L  I  B  Y  A  N  J  B
G  N  O  R  T  H  K  O  R  E  A  O
T  M  O  N  T  E  N  E  G  R  O  Q
```

Find the following words in the puzzle.
Words are hidden → and ↓ .

LEBANON	MONTENEGRO	NORWAY
LIBYA	MOZAMBIQUE	OMAN
NORTH KOREA	MONTENEGRO	

Country

Word directions and start points are formatted: (Direction, X, Y)

LEBANON (E,2,1)   MONTENEGRO (E,2,8)   NORWAY (E,1,4)
LIBYA (E,5,6)   MOZAMBIQUE (E,1,2)   OMAN (E,7,4)
NORTH KOREA (E,2,5)   MONTENEGRO (E,2,7)

```
K  D  F  I  N  L  A  N  D  F  K  H
K  U  W  A  I  T  X  I  B  R  O  A
G  U  A  T  E  M  A  L  A  A  S  W
Z  F  S  U  U  B  L  I  J  N  O  G
Q  I  I  L  A  V  R  X  V  C  V  I
Q  J  G  E  R  M  A  N  Y  E  O  Z
A  I  N  X  K  K  F  C  U  A  N  A
P  A  D  P  G  E  O  R  G  I  A  Z
```

Find the following words in the puzzle.
Words are hidden → and ↓ .

FIJI	GEORGIA	KOSOVO
FINLAND	GERMANY	KUWAIT
FRANCE	GUATEMALA	

Country

```
.  .  .  F  I  N  L  A  N  D  F  K  .

K  U  W  A  I  T  .  .  .  R  O  .

G  U  A  T  E  M  A  L  A  A  S  .

.  F  .  .  .  .  .  .  .  N  O  .

.  I  .  .  .  .  .  .  C  V  .

.  J  G  E  R  M  A  N  Y  E  O  .

.  I  .  .  .  .  .  .  .  .  .  .

.  .  .  .  .  G  E  O  R  G  I  A  .
```

Word directions and start points are formatted: (Direction, X, Y)

FIJI (S,1,4)
FINLAND (E,1,4)
FRANCE (E,5,5)

GEORGIA (E,5,3)
GERMANY (E,4,2)
GUATEMALA (E,2,6)

KOSOVO (E,4,1)
KUWAIT (S,12,1)

Country

```
O  D  L  E  S  T  O  N  I  A  G  D
Q  J  C  H  I  N  A  J  Y  Q  Z  E
C  O  L  O  M  B  I  A  D  C  G  N
G  E  C  U  A  D  O  R  I  O  B  M
V  E  L  S  A  L  V  A  D  O  R  A
D  G  O  E  T  H  I  O  P  I  A  R
U  I  D  O  M  I  N  I  C  A  F  K
U  N  B  U  E  G  Y  P  T  R  B  E
```

Find the following words in the puzzle.
Words are hidden → and ↓ .

CHINA   ECUADOR   ETHIOPIA
COLOMBIA   EGYPT
DENMARK   EL SALVADOR
DOMINICA   ESTONIA

Word directions and start points are formatted: (Direction, X, Y)

CHINA (E,3,2)

COLOMBIA (E,1,3)

DENMARK (S,12,1)

DOMINICA (E,3,7)

ECUADOR (E,2,4)

EGYPT (E,5,8)

EL SALVADOR (E,2,5)

ESTONIA (E,4,1)

ETHIOPIA (E,4,6)

```
B   Z   B   U   L   G   A   R   I   A   A   W
R   K   Z   B   R   A   Z   I   L   J   G   O
U   C   A   N   A   D   A   J   G   R   J   P
N   Z   A   L   B   A   N   I   A   E   P   W
E   L   F   P   D   X   T   J   J   K   N   I
I   J   A   N   B   E   L   G   I   U   M   Y
P   C   A   M   B   O   D   I   A   O   H   M
M   C   A   M   E   R   O   O   N   Q   E   K
```

Find the following words in the puzzle.
Words are hidden → and ↓ .

ALBANIA   BRUNEI   CAMEROON
BELGIUM   BULGARIA   CANADA
BRAZIL   CAMBODIA

Country

```
B  .  B  U  L  G  A  R  I  A  .  .
R  .  .  B  R  A  Z  I  L  .  .  .
U  C  A  N  A  D  A  .  .  .  .  .
N  .  A  L  B  A  N  I  A  .  .  .
E  .  .  .  .  .  .  .  .  .  .  .
I  .  .  .  B  E  L  G  I  U  M  .
.  C  A  M  B  O  D  I  A  .  .  .
.  C  A  M  E  R  O  O  N  .  .  .
```

Word directions and start points are formatted: (Direction, X, Y)

ALBANIA (E,3,4)   BRUNEI (S,1,1)   CAMEROON (E,2,8)
BELGIUM (E,5,6)   BULGARIA (E,3,1)   CANADA (E,2,3)
BRAZIL (E,4,2)   CAMBODIA (E,2,7)

Country

```
T  Z  V  L  M  X  S  Y  C  Z  D  B
C  S  K  V  B  R  A  Z  I  L  V  R
A  A  R  G  E  N  T  I  N  A  V  U
N  H  D  I  E  Q  J  M  D  S  J  N
A  H  B  U  L  G  A  R  I  A  O  E
D  J  X  U  N  B  O  S  N  I  A  I
A  N  G  O  L  A  K  G  Z  A  U  A
G  K  Y  V  A  R  M  E  N  I  A  L
```

Find the following words in the puzzle.
Words are hidden → and ↓ .

ANGOLA   BOSNIA   BULGARIA
ARGENTINA   BRAZIL   CANADA
ARMENIA   BRUNEI

Country

Word directions and start points are formatted: (Direction, X, Y)

ANGOLA (E,1,7)   BOSNIA (E,6,6)   BULGARIA (E,3,5)
ARGENTINA (E,2,3)   BRAZIL (E,5,2)   CANADA (S,1,2)
ARMENIA (E,5,8)   BRUNEI (S,12,1)

Country

```
H  U  M  R  H  K  Q  H  V  Z  G  G
U  G  C  H  I  L  E  O  B  R  E  E
N  J  C  P  E  G  S  N  S  B  R  O
G  H  A  N  A  Y  X  G  G  V  M  R
A  G  R  E  E  C  E  K  E  G  A  G
R  O  C  H  A  D  I  O  R  I  N  I
Y  U  W  O  X  A  S  N  W  H  Y  A
C  H  Q  S  G  Q  H  G  J  V  Z  K
```

Find the following words in the puzzle.
Words are hidden → and ↓ .

CHAD	GERMANY	HONGKONG
CHILE	GHANA	HUNGARY
GEORGIA	GREECE	

```
H  .  .  .  .  .  .  H  .  .  G  G
U  .  C  H  I  L  E  O  .  .  E  E
N  .  .  .  .  .  .  N  .  .  R  O
G  H  A  N  A  .  .  G  .  .  M  R
A  G  R  E  E  C  E  K  .  .  A  G
R  .  C  H  A  D  .  O  .  .  N  I
Y  .  .  .  .  .  .  N  .  .  Y  A
.  .  .  .  .  .  .  G  .  .  .  .
```

Word directions and start points are formatted: (Direction, X, Y)

CHAD (E,3,6)   GERMANY (S,11,1)   HONGKONG (S,8,1)
CHILE (E,3,2)   GHANA (E,1,4)   HUNGARY (S,1,1)
GEORGIA (S,12,1)   GREECE (E,2,5)

```
K E N Y A W V S P T R E
Y K A Z A K H S T A N I
R N R N M S U S M I V S
U N P I R A Q H E L E R
Z K I R E L A N D W C A
C O O O W J O R D A N E
P V J A P A N N X U C L
O V X I T A L Y O C L Y
```

Find the following words in the puzzle.
Words are hidden → and ↓ .

IRAQ   ITALY   KAZAKHSTAN
IRELAND   JAPAN   KENYA
ISRAEL   JORDAN

Country

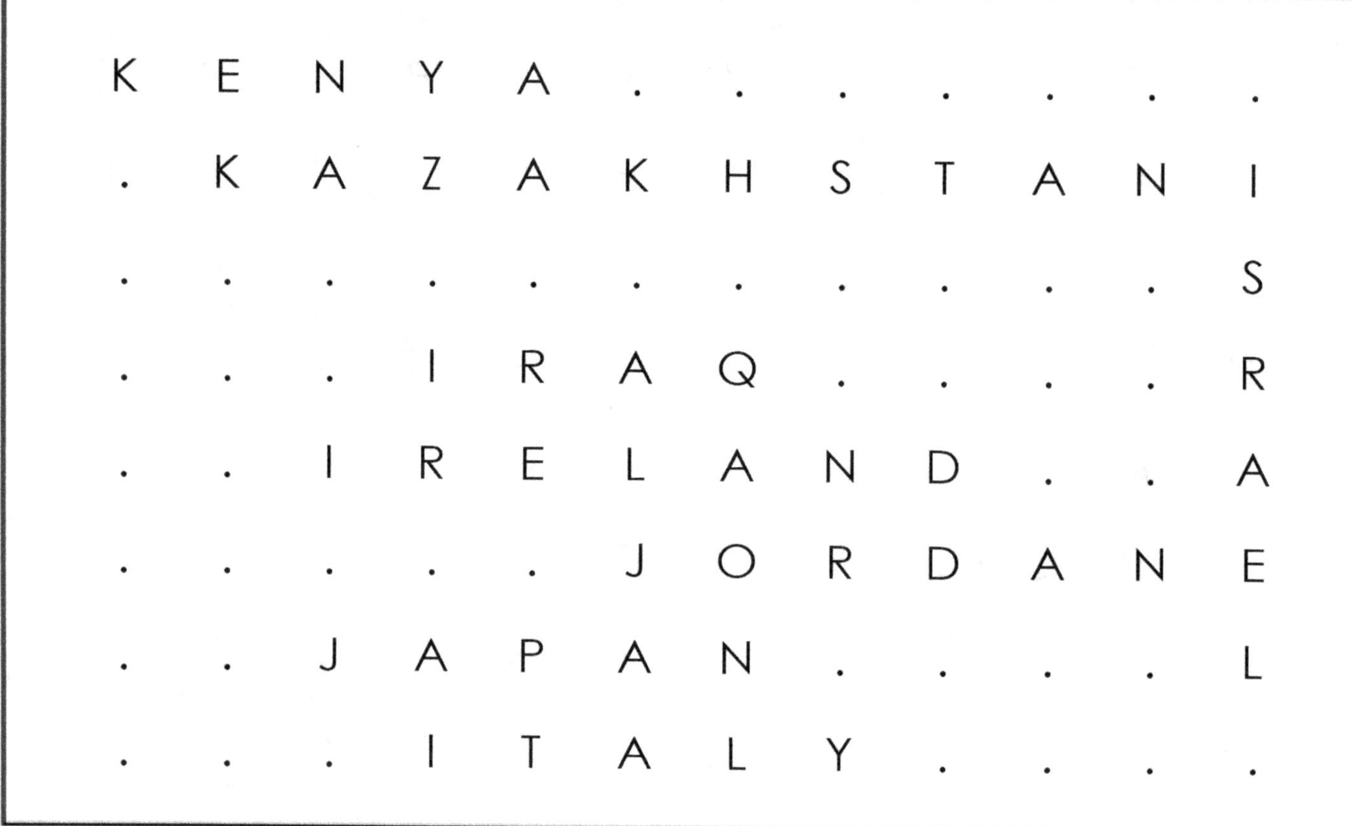

Word directions and start points are formatted: (Direction, X, Y)

IRAQ (E,4,4)   ITALY (E,4,8)   KAZAKHSTAN (E,2,2)
IRELAND (E,3,5)   JAPAN (E,3,7)   KENYA (E,1,1)
ISRAEL (S,12,2)   JORDAN (E,6,6)

K	L	U	X	E	M	B	O	U	R	G	Z
M	T	M	O	N	G	O	L	I	A	S	B
L	A	O	S	S	N	P	P	W	A	C	M
X	W	Q	U	L	E	B	A	N	O	N	A
F	X	H	P	M	O	R	O	C	C	O	C
M	A	D	A	G	A	S	C	A	R	N	A
M	O	Z	A	M	B	I	Q	U	E	G	U
Z	D	D	M	A	L	A	W	I	D	U	S

Find the following words in the puzzle.
Words are hidden → and ↓ .

LAOS
LEBANON
LUXEMBOURG
MACAU

MADAGASCAR
MALAWI
MONGOLIA
MOROCCO

MOZAMBIQUE

Word directions and start points are formatted: (Direction, X, Y)

LAOS (E,1,3)   MADAGASCAR (E,1,6)   MOZAMBIQUE (E,1,7)
LEBANON (E,5,4)   MALAWI (E,4,8)
LUXEMBOURG (E,2,1)   MONGOLIA (E,3,2)
MACAU (S,12,3)   MOROCCO (E,5,5)

```
G  G  G  Y  P  E  R  U  T  Q  V  A
N  A  M  I  B  I  A  Y  F  F  Z  N
I  N  E  W  Z  E  A  L  A  N  D  E
N  E  T  H  E  R  L  A  N  D  S  P
E  P  A  R  A  G  U  A  Y  U  N  A
P  O  L  A  N  D  K  Y  I  T  N  L
P  H  I  L  I  P  P  I  N  E  S  I
W  J  C  P  R  U  O  X  Z  M  M  D
```

Find the following words in the puzzle.
Words are hidden → and ↓ .

NAMIBIA   NEWZEALAND   PHILIPPINES
NEPAL   PARAGUAY   POLAND
NETHERLANDS   PERU

Country

Word directions and start points are formatted: (Direction, X, Y)

NAMIBIA (E,1,2)	NEWZEALAND (E,2,3)	PHILIPPINES (E,1,7)
NEPAL (S,12,2)	PARAGUAY (E,2,5)	POLAND (E,1,6)
NETHERLANDS (E,1,4)	PERU (E,5,1)	

Country

```
S  E  N  E  G  A  L  H  V  R  I  S
S  L  O  V  E  N  I  A  A  O  S  O
S  L  O  V  A  K  I  A  S  M  E  G
V  X  R  U  S  S  I  A  P  A  R  V
A  W  K  A  R  Y  U  G  A  N  B  S
Q  A  N  V  T  O  S  E  I  I  I  W
I  I  B  R  P  G  S  I  N  A  A  T
S  A  U  D  I  A  R  A  B  I  A  H
```

Find the following words in the puzzle.
Words are hidden → and ↓ .

ROMANIA	SENEGAL	SLOVENIA
RUSSIA	SERBIA	SPAIN
SAUDI ARABIA	SLOVAKIA	

```
S  E  N  E  G  A  L  .  .  R  .  .
S  L  O  V  E  N  I  A  .  O  S  .
S  L  O  V  A  K  I  A  S  M  E  .
.  .  R  U  S  S  I  A  P  A  R  .
.  .  .  .  .  .  .  .  A  N  B  .
.  .  .  .  .  .  .  .  I  I  I  .
.  .  .  .  .  .  .  .  N  A  A  .
S  A  U  D  I  A  R  A  B  I  A  .
```

Word directions and start points are formatted: (Direction, X, Y)

ROMANIA (E,4,1)	SENEGAL (E,2,3)	SLOVENIA (E,1,7)
RUSSIA (S,10,2)	SERBIA (E,2,5)	SPAIN (S,1,1)
SAUDI ARABIA (E,1,6)	SLOVAKIA (E,2,4)	

```
I  Y  J  S  Y  R  I  A  C  Y  J  T
U  K  R  A  I  N  E  O  A  F  H  H
Y  R  T  A  N  Z  A  N  I  A  I  A
M  Y  S  L  M  U  G  A  N  D  A  I
S  W  I  T  Z  E  R  L  A  N  D  L
G  P  T  A  I  W  A  N  K  M  W  A
K  S  W  E  D  E  N  Z  L  F  E  N
T  A  J  I  K  I  S  T  A  N  L  D
```

Find the following words in the puzzle.
Words are hidden → and ↓ .

SWEDEN　　　　　TAJIKISTAN　　　　　UKRAINE
SWITZERLAND　　TANZANIA
SYRIA　　　　　　THAILAND
TAIWAN　　　　　UGANDA

Country

Word directions and start points are formatted: (Direction, X, Y)

SWEDEN (E,2,7)   TAJIKISTAN (E,1,8)   UKRAINE (E,1,2)
SWITZERLAND (E,1,5) TANZANIA (E,3,3)
SYRIA (E,4,1)   THAILAND (S,12,1)
TAIWAN (E,3,6)   UGANDA (E,6,4)

Country

```
Z  I  M  B  A  B  W  E  P  L  S  T
H  C  V  I  X  K  I  D  O  U  O  U
V  I  E  T  N  A  M  C  N  R  M  N
U  S  I  N  G  A  P  O  R  E  A  I
T  U  R  K  E  Y  R  W  Q  R  L  S
U  V  E  N  E  Z  U  E  L  A  I  I
Y  E  M  E  N  X  O  Y  Y  K  A  A
V  T  G  U  H  D  W  Z  X  S  B  C
```

Find the following words in the puzzle.
Words are hidden → and ↓ .

SINGAPORE   TURKEY   YEMEN
SOMALIA   VENEZUELA   ZIMBABWE
TUNISIA   VIETNAM

Country

```
Z  I  M  B  A  B  W  E  .  .  .  S  T
.  .  .  .  .  .  .  .  .  .  .  O  U
V  I  E  T  N  A  M  .  .  .  .  M  N
.  S  I  N  G  A  P  O  R  E  A  I  .
T  U  R  K  E  Y  .  .  .  .  L  S
.  V  E  N  E  Z  U  E  L  A  I  I
Y  E  M  E  N  .  .  .  .  .  A  A
.  .  .  .  .  .  .  .  .  .  .  .  .
```

Word directions and start points are formatted: (Direction, X, Y)

SINGAPORE (E,2,4)   TURKEY (E,1,5)   YEMEN (E,1,7)
SOMALIA (S,11,1)   VENEZUELA (E,2,6)   ZIMBABWE (E,1,1)
TUNISIA (S,12,1)   VIETNAM (E,1,3)

```
N  E  P  A  L  M  P  Q  B  V  H  R
U  G  N  O  R  W  A  Y  Y  W  F  O
N  E  T  H  E  R  L  A  N  D  S  M
N  M  A  L  A  W  I  L  C  S  E  A
R  U  S  S  I  A  G  Q  H  I  B  N
Y  P  V  M  A  L  A  Y  S  I  A  I
N  J  M  A  L  D  I  V  E  S  X  A
P  D  S  O  P  A  N  A  M  A  S  Z
```

Find the following words in the puzzle.
Words are hidden → and ↓ .

MALAWI   NETHERLANDS   RUSSIA
MALAYSIA   NORWAY
MALDIVES   PANAMA
NEPAL   ROMANIA

Country

Word directions and start points are formatted: (Direction, X, Y)

MALAWI (E,2,4)   NETHERLANDS (E,1,3)   RUSSIA (E,1,5)
MALAYSIA (E,4,6)   NORWAY (E,3,2)
MALDIVES (E,3,7)   PANAMA (E,5,8)
NEPAL (E,1,1)   ROMANIA (S,12,1)

Country

```
L  E  B  A  N  O  N  W  M  G  Q  A
I  T  A  L  Y  N  T  G  K  A  B  T
M  A  C  A  U  N  J  E  D  O  K  T
Y  J  O  R  D  A  N  U  M  Z  T  A
Z  D  X  T  K  T  L  A  O  S  K  Y
J  A  P  A  N  I  S  R  A  E  L  H
M  V  F  K  E  N  Y  A  V  F  B  C
Z  J  A  M  A  I  C  A  N  T  C  X
```

Find the following words in the puzzle.
Words are hidden → and ↓ .

ISRAEL	JORDAN	MACAU
ITALY	KENYA	
JAMAICA	LAOS	
JAPAN	LEBANON	

Word directions and start points are formatted: (Direction, X, Y)

ISRAEL (E,6,6)	JORDAN (E,2,4)	MACAU (E,1,3)
ITALY (E,1,2)	KENYA (E,4,7)	
JAMAICA (E,2,8)	LAOS (E,7,5)	
JAPAN (E,1,6)	LEBANON (E,1,1)	

```
E  W  I  H  U  N  G  A  R  Y  Y  U
N  G  H  A  N  A  S  H  E  G  M  Q
K  Q  A  O  G  E  R  M  A  N  Y  E
V  G  I  C  E  L  A  N  D  Z  C  I
H  O  N  G  K  O  N  G  V  X  T  N
Z  C  G  R  E  E  C  E  T  G  Z  L
B  S  E  I  N  D  I  A  H  V  Y  B
F  I  N  D  O  N  E  S  I  A  F  U
```

Find the following words in the puzzle.
Words are hidden → and ↓ .

GERMANY   HONGKONG   INDIA
GHANA   HUNGARY   INDONESIA
GREECE   ICELAND

Country

Word directions and start points are formatted: (Direction, X, Y)

GERMANY (E,5,3)　　HONGKONG (E,1,5)　　INDIA (E,4,7)
GHANA (E,2,2)　　HUNGARY (E,4,1)　　INDONESIA (E,2,8)
GREECE (E,3,6)　　ICELAND (E,3,4)

Country

```
G  W  K  E  T  H  I  O  P  I  A  E

C  F  E  G  Y  P  T  S  L  I  L  C

H  R  D  O  M  I  N  I  C  A  U  U

I  B  T  V  U  X  C  H  I  L  E  A

N  I  S  S  B  R  A  Z  I  L  R  D

A  W  S  U  O  Y  T  Y  L  S  Q  O

D  E  N  M  A  R  K  I  J  Z  S  R

J  W  Y  B  R  U  N  E  I  T  H  L
```

Find the following words in the puzzle.
Words are hidden → and ↓ .

BRAZIL   DENMARK   ETHIOPIA
BRUNEI   DOMINICA
CHILE   ECUADOR
CHINA   EGYPT

Country

```
.  .  .  .  E  T  H  I  O  P  I  A  E
C  .  E  G  Y  P  T  .  .  .  .  C
H  .  D  O  M  I  N  I  C  A  .  U
I  .  .  .  .  .  C  H  I  L  E  A
N  .  .  .  B  R  A  Z  I  L  .  D
A  .  .  .  .  .  .  .  .  .  .  O
D  E  N  M  A  R  K  .  .  .  .  R
.  .  .  .  B  R  U  N  E  I  .  .  .
```

Word directions and start points are formatted: (Direction, X, Y)

BRAZIL (E,5,5)   DENMARK (E,1,7)   ETHIOPIA (E,4,1)
BRUNEI (E,4,8)   DOMINICA (E,3,3)
CHILE (E,7,4)   ECUADOR (S,12,1)
CHINA (S,1,2)   EGYPT (E,3,2)

```
B  V  A  O  D  E  N  M  A  R  K  U
O  N  L  Z  E  S  T  O  N  I  A  B
T  L  B  K  R  J  Z  D  Q  P  Q  H
S  E  A  I  O  H  H  H  N  N  L  U
W  J  N  P  C  A  N  A  D  A  O  T
A  T  I  D  A  L  G  E  R  I  A  A
N  B  A  N  G  L  A  D  E  S  H  N
A  F  M  Q  X  F  C  U  B  A  S  R
```

Find the following words in the puzzle.
Words are hidden → and ↓ .

ALBANIA	BOTSWANA	ESTONIA
ALGERIA	CANADA	
BANGLADESH	CUBA	
BHUTAN	DENMARK	

```
B  .  A  .  D  E  N  M  A  R  K  .
O  .  L  .  E  S  T  O  N  I  A  B
T  .  B  .  .  .  .  .  .  .  .  H
S  .  A  .  .  .  .  .  .  .  .  U
W  .  N  .  C  A  N  A  D  A  .  T
A  .  I  .  A  L  G  E  R  I  A  A
N  B  A  N  G  L  A  D  E  S  H  N
A  .  .  .  .  .  C  U  B  A  .  .
```

Word directions and start points are formatted: (Direction, X, Y)

ALBANIA (S,3,1)	BOTSWANA (S,1,1)	ESTONIA (E,5,2)
ALGERIA (E,5,6)	CANADA (E,5,5)	
BANGLADESH (E,2,7)	CUBA (E,7,8)	
BHUTAN (S,12,2)	DENMARK (E,5,1)	

Country

```
K  I  W  O  G  P  B  E  Z  V  B  C
A  Z  E  R  B  A  I  J  A  N  E  A
A  U  S  T  R  A  L  I  A  U  L  M
B  A  H  A  M  A  S  F  L  Y  G  B
N  C  A  N  A  D  A  V  M  K  I  O
C  H  I  L  E  Y  G  Z  W  E  U  D
A  K  O  A  U  S  T  R  I  A  M  I
A  S  K  K  O  S  M  N  K  Z  B  A
```

Find the following words in the puzzle.
Words are hidden → and ↓ .

AUSTRALIA   BAHAMAS   CANADA
AUSTRIA   BELGIUM   CHILE
AZERBAIJAN   CAMBODIA

Country

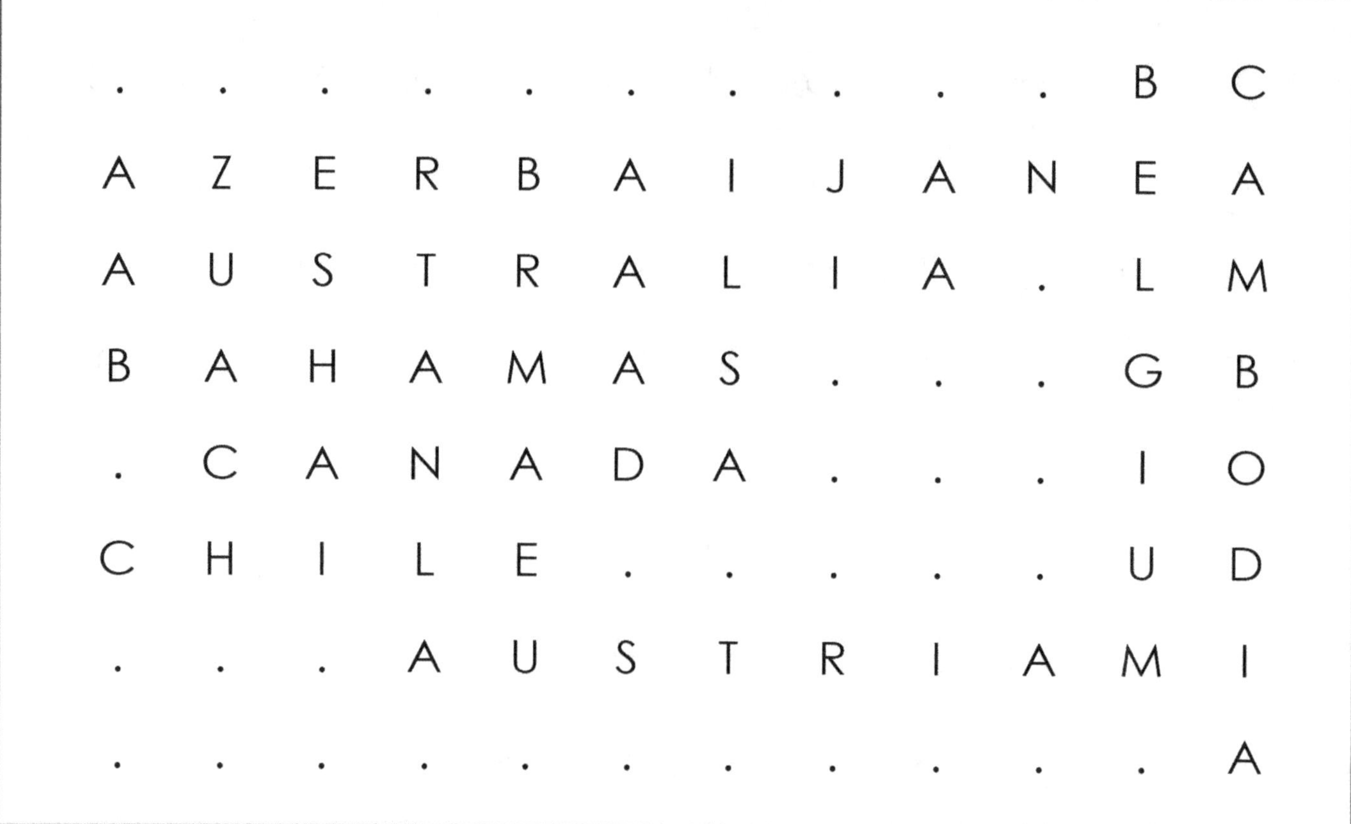

Word directions and start points are formatted: (Direction, X, Y)

AUSTRALIA (E,1,3) BAHAMAS (E,1,4) CANADA (E,2,5)
AUSTRIA (E,4,7) BELGIUM (S,11,1) CHILE (E,1,6)
AZERBAIJAN (E,1,2) CAMBODIA (S,12,1)

Kids' Activity Workbook Subscribe

Get New Update,
Book Giveaway,
Free Book for Kids
and Promotion

http://bit.ly/act_book_4_kids